EDITION PETERS
REPERTOIRE LIBRARY

German Lieder
of the 19th century

High voice

PETERS EDITION LTD

A member of the EDITION PETERS GROUP

LEIPZIG · LONDON · NEW YORK

Also available from the
Edition Peters Repertoire Library (Voice)

English Songs of the 17th and 18th Centuries (*High voice*)
EP 72528   ISMN 979-0-57700-778-6

English Songs of the 17th and 18th Centuries (*Medium-low voice*)
EP 72529   ISMN 979-0-57700-779-3

German Lieder of the 19th Century (*Medium-low voice*)
EP 72531   ISMN 979-0-57700-781-6

Works from this edition are drawn from the comprehensive Edition Peters vocal catalogue including *The Art of Song*,
a graded series with selected repertoire from the Associated Board of the Royal Schools of Music singing syllabus.

This edition © Copyright 2014 by Peters Edition Limited, London

Peters Edition Ltd
2–6 Baches Street
London
N1 6DN

Tel: +44 (0)20 7553 4000
Fax: +44 (0)20 7490 4921
Email: sales@editionpeters.com
Internet: www.editionpeters.com

Cover design: www.adamhaystudio.com

Printed in England by Halstan & Co, Amersham, Bucks.

CONTENTS

Dein blaues Auge

Your blue eyes

Klaus Groth (1819–1899)

Johannes Brahms (1833–1897)

range:

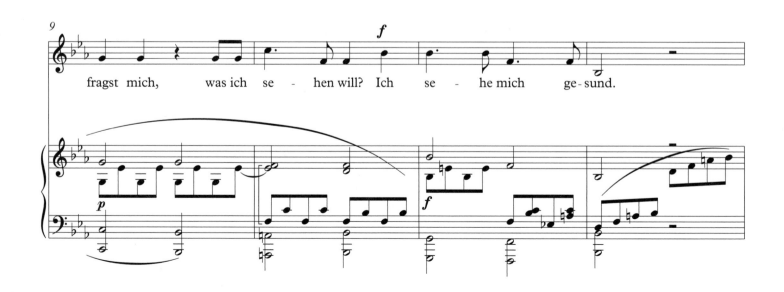

Der Schmied

The Blacksmith

Johann Ludwig Uhland (1787–1862)

Johannes Brahms (1833–1897)

Ich hör' mei - nen Schatz, den Ham - mer er schwin - get, das rau - schet, das klin - get, das dringt in die Wei - te wie Glo - cken - ge - läu - te, durch Gas - - sen und Platz.

Komm bald

Come back soon

Klaus Groth (1819–1899)

Johannes Brahms (1833–1897)

Sandmännchen
The Little Sandman

Anton Wilhelm Forentin von
Zuccalmagio (1803–1869)

Johannes Brahms (1833–1897)

1. Die Blü - me - lein sie schla - fen schon
3. - männ - chen kommt ge - schli - chen und

molto piano e dolce, una corda

längst im Mon - den - schein, sie nik - ken mit den
guckt durchs Fen - ster - lein, ob ir - gend noch ein

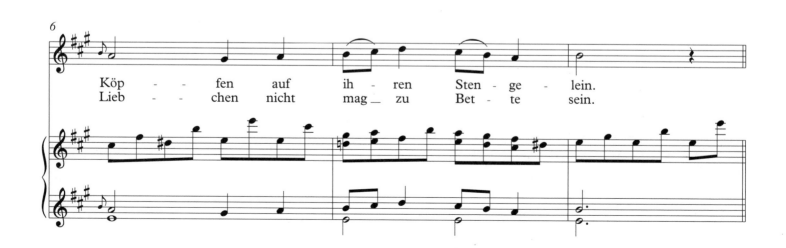

Köp - fen auf ih - ren Sten - ge - lein.
Lieb - chen nicht mag zu Bet - te sein.

1. Es — rüt - telt sich der Blü - ten-baum, er — säu - selt wie im
3. Und — wo er nur ein Kind - chen fand, streut — er ihm in die Au - gen

Traum: Schla - fe, schla - fe, — schlaf du, mein Kin - de - lein!
Sand. Schla - fe, schla - fe, — schlaf du, mein Kin - de - lein!

- lein!
- lein!

2. Die
4. Sand -

Vö - ge - lein sie san - gen so süß __ im Son - nen -
-männ - chen aus dem Zim - - mer, es schläft mein Herz - chen

-schein, sie sind zur Ruh ge - gan - - gen in
fein, es ist gar fest ver - schlos - - sen schon

ih - re Nest - chen klein. 2. Das __ Heim - chen in dem
sein __ Guck - äu - ge - lein. 4. Es __ leuch - tet mor - gen

Äh - ren-grund, es _ tut al - lein sich kund. Schla - fe,
mir Will-komm das _ Äu - ge-lein so fromm! Schla - fe,

schla - - fe, _ schlaf du, mein Kin - de - lein! - lein!
schla - - fe, _ schlaf du, mein Kin - de - lein! - lein!

3. Sand -

Vergebliches Ständchen
Fruitless Serenade

range:

Anton Wilhelm Forentin von
Zuccalmagio (1803–1869)

Johannes Brahms (1833–1897)

15

(Er) So _ kalt _ ist die Nacht, _ so ei - sig der

Wind, so ei - sig der Wind,

dass mir das Herz er - friert, mein' Lieb' er - lö - schen wird, öff - ne mir, mein Kind,

Lebhafter

öff - ne mir, öff - ne mir, öff - ne mir, mein Kind!

Wiegenlied

Lullaby

Traditional / Georg Scherer (1824–1909)

Johannes Brahms (1833–1897)

range:

Zart bewegt

p *teneramente, con moto*

Gu-ten A - bend, gut' Nacht, mit __

Ro - sen be - dacht, __ mit __ Näg' - lein be - steckt, schlupf' un - ter die

Deck': Mor-gen früh, wenn Gott will, wirst du wie - der ge -

- weckt, mor-gen früh, wenn Gott will, wirst du wie - der ge - weckt.

Auf Flügeln des Gesanges

On Wings of Song

Heinrich Heine (1797–1856)

Felix Mendelssohn (1809–1847)

range:

Andante tranquillo

1. Auf Flü - geln des ___ Ge - san - - ges, Herz -

(2. Die) Veil - chen ki - chern und ko - - sen, und

- lieb - chen, trag ich dich fort,   fort nach den Flu - ren des Gan - ges, dort

schaun nach den Ster - nen em - por,   heim - lich er - zäh - len die Ro - sen sich

weiß ich den schöns - ten Ort.   Dort liegt ein rot - blü - hen - der Gar - ten im

duf - ten - de Mär - chen ins Ohr.   Es hüp - fen her - bei ___ und lau - schen die

Gruß

Greeting

Heinrich Heine (1797–1856)

Felix Mendelssohn (1809–1847)

1. Lei - se zieht durch mein Ge - müt lieb - li - ches Ge - läu - te; klin - ge, klei - nes Früh - lings - lied, kling hin - aus ins Wei - te.

2. Zieh hin - aus bis an das Haus, wo die Veil - chen sprie - ßen; wenn du ei - ne Ro - se schaust, sag, ich laß sie grü - ßen.

Lieblingspätzchen

Favourite Haunt

Friederike Robert (1795–1832)

Felix Mendelssohn (1809–1847)

range:

Andante

1. Wißt ihr, wo ich ger-ne weil' in der A-bend-küh-le?
2. Auch die Blüm-lein in dem Grün an zu spre-chen fan-gen,

p

In dem stil-len Ta-le geht ei-ne klei-ne Müh-le, und ein klei-ner
und das blau-e Blüm-lein sagt: sieh mein Köpf-chen han-gen! Rös-lein mit dem

p

cresc.   *dim.*   **rallent.**   **a tempo**   *p*

Bach da-bei, rings um-her stehn Bäu-me. Oft sitz ich da
Dor-nen-kuß hat mich so ge-sto-chen: ach! das macht mich

p

stun-den-lang, schau um-her und träu-me.
gar be-trübt, hat mein Herz ge-bro-chen.

dim.   *pp*   *espress.*

An die Laute

To the Lute

Friedrich Rochlitz (1769–1842)

Franz Schubert (1797–1828)

range:

Etwas geschwind

1. Lei - ser, lei - ser, klei - ne Lau - te,
2. Nei - disch sind des Nach - bars Söh - ne,

flü - stre, was ich dir ver - trau - te, dort zu je - nem
und im Fen - ster je - ner Schö - ne flim - mert noch ein

An die Musik
To the Music

Franz von Schober (1796–1882)

Franz Schubert (1797–1828)

range:

Herz__ zu__ war - mer Lieb ent - zun - den, hast mich in ei - ne__

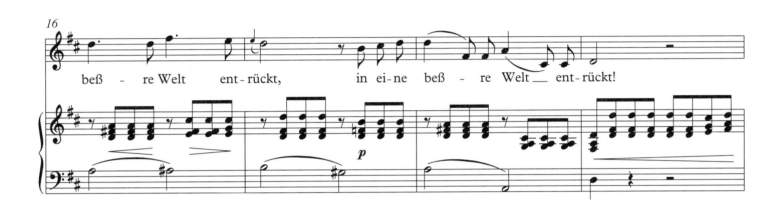

beß - re Welt ent - rückt, in ei-ne beß - re Welt__ ent - rückt!

Oft hat ein

Seuf - - zer dei - ner Harf ent - flos - sen, ein sü - ßer,

Romanze
from *Rosamunde*

Wilhelmina Christiane von Chézy (1783–1856)

Franz Schubert (1797–1828)

Andante con moto

Der Voll - mond strahlt auf Ber - ges-höhn, wie hab ich dich ver - mißt! __ Du

sü - ßes Herz! es ist so schön, wenn treu die Treu - e __ küßt, du sü - ßes Herz! es

ist so schön, wenn treu _____ die Treu - e _ küßt!

Was frommt des Mai - en hol - de _ Zier? Du warst mein Früh - lings -

- strahl! ___ Licht mei - ner Nacht, o läch - le mir _ im To - de noch ein - mal! Licht

mei - ner Nacht, o läch - le _ mir im _ To - - de noch ein - mal!

Sie trat hin - ein beim Voll - mond-schein, sie

blick - te him - mel - wärts: ___ „Im Le - ben fern, im To - de dein!" und sanft brach Herz an ___

Herz, „im Le - ben fern, im To - de dein!" und ___ sanft ___ brach Herz an ___ Herz.

An Sylvia
To Sylvia

Eduard von Baeurnfeld (1802–1890)

Franz Schubert (1797–1828)

Mässig - *Moderate speed*

1. Was ist Sil - via, sa - get

2. Ist sie schön und gut da -

an, dass sie die wei - te Flur preist?

-zu? Reiz sie labt wie mil - de Kind - heit;

Schön und zart seh

ih - rem Aug eilt

36

-wäh - - ren; Krän - - ze ___

ihr ___ und Sai - - ten - klang, ___

Krän - ze ihr und Sai - - ten -

- klang!

Ave Maria

Ellens Gesang III (Hymne an die Jungfrau)

Sir Walter Scott (1771–1832)

Franz Schubert (1797–1828)

range:

1. A - ve Ma - ri - a! Jung - frau mild, er - hö - re ei - ner Jung-frau Fle - hen, aus die - sem Fel - sen starr und wild soll mein Ge - bet zu dir hin - we - hen. Wir

2. A - ve Ma - ri - a! un - be - fleckt! Wenn wir auf die-sen Fels hin - sin - ken zum Schlaf, und uns dein Schutz be - deckt, wird weich der har - te Fels uns dün - ken. Du

3. A - ve Ma - ri - a! Rei - ne Magd! Der Er - de und der Luft Dä - mo - nen, von dei - nes Au - ges Huld ver - jagt, sie kön - nen hier nicht bei uns woh - nen. Wir

Die Forelle

The Trout

Christian Friedrich Daniel Schubart (1739–1791)

Franz Schubert (1797–1828)

range:

Etwas lebhaft

In ei - nem Bäch-lein hel - le, da

schoß in fro-her Eil die lau - ni - sche Fo - rel - le vor-

- ü - ber wie ein Pfeil. Ich stand an dem Ge - sta - de und

sah in sü - ßer Ruh des mun-tern Fisch-leins Ba - de im

43

Ständchen

Serenade

range:

Ludwig Rellstab (1799–1860)

Franz Schubert (1797–1828)

Lei - se fle - hen mei - ne Lie - der durch die Nacht zu dir; in _ den stil - len Hain her-nie - der, Lieb - chen, komm zu mir!

Flü - sternd schlan - ke Wip - fel rau - schen

Laß auch dir die Brust be - we - gen, Lieb - chen, hö - re mich!

cresc.

be - bend harr ich dir ent - ge - gen!

f

f

komm, be-glük - ke mich! komm, be-glük - ke mich,

p

f

be - glük - ke mich!

decresc.

pp

dimin.

Hinaus in's Freie!

Come Outside!

August Heinrich Hoffmann von
Fallersleben (1798–1874)

Robert Schumann (1810–1856)

range:

1. Wie blüht ____ es im Ta - le, wie grünt's ____ auf den
2. Es la - - det der Früh - ling, der Früh - ling uns

Höhn! und wie ist es doch im Frei - en, im Frei - en so
ein; nach der Wei - den - flö - te sol - len wir sprin - gen zum

schön! Es la - det der Früh - ling, der Früh - ling uns
Reihn. Wer woll - te nicht tan - zen dem Früh - ling zu -

ein, nach der Wei-den-flö-te sol-len wir__ sprin-gen zum
-lieb, der den schlim-men, lan-gen Win-ter uns__ end-lich ver-

Reihn.
-trieb?

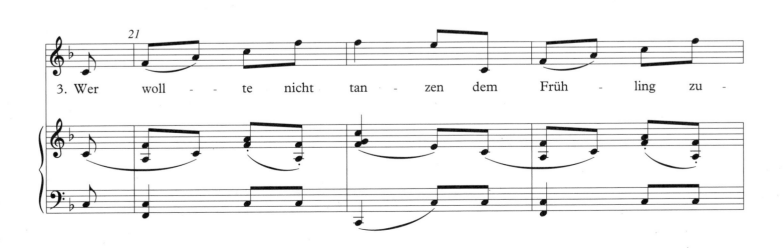

3. Wer woll-te nicht tan-zen dem Früh-ling zu-

Die Waise
The Orphan

August Heinrich Hoffmann von
Fallersleben (1798–1874)

Robert Schumann (1810–1856)

Langsam

1. Der Früh - ling keh - ret wie - der, und al - les freu - et sich, ich bli - cke trau - rig nie - der, er kam ja nicht für mich.

2. Was soll mir ar - men Kin - de des Früh - lings Pracht und Glanz? Denn wenn ich Blu - men win - de, ist es zum To - ten - kranz.

3. Ach! kei - ne Hand ge - lei - tet mich heim ins Va - ter - haus, und kei - ne Mut - ter brei - tet die Ar - me nach mir aus.

4. O Him - mel, gib mir wie - der, was dei - ne Lie - be gab, blick ich zur Er - de nie - der, so seh ich nur ihr Grab.

Ich grolle nicht

I bear no grudge

Heinrich Heine (1797–1856)

Robert Schumann (1810–1856)

Marienwürmchen

Ladybird

Traditional

Robert Schumann (1810–1856)

range:

Nicht schnell

Ma - ri - en - würm - chen, _ set - ze dich auf mei - ne Hand, auf mei - ne Hand, ich

tu' dir nichts zu _ Lei - de, nichts nichts zu Lei - de. Es soll dir nichts zu

Leid ge-scheh'n, will nur dei - ne bun - ten Flü - gel seh'n, bun - te Flü - gel mei - ne

Freu - de! Ma - ri - en - würm - chen, flie - ge weg, dein

Häus-chen brennt, die Kin - der schrei'n so seh - re, wie so _ seh - re, schrei'n,

Frühlingsgruß

Spring greeting

August Heinrich Hoffman von
Fallersleben (1798–1874)

Robert Schumann (1810–1856)

range:

Sehr mäßig

1. So sei ge-grüßt viel-tau-send-mal, hol-der, hol-der Früh-ling! Will-kom-men hier in un-serm Tal, hol-der, hol-der Früh-ling! Hol-der Früh-ling, ü-ber-all grü-ßen wir dich froh mit Sang und Schall, mit Sang und Schall.

2. Du kommst, und froh ist al-le Welt, hol-der, hol-der Früh-ling! Es freut sich Wie-se Wald und Feld, hol-der, hol-der Früh-ling! Ju-bel tönt dir ü-ber-all, dich be-grü-ßet Lerch' und Nach-ti-gall, und Nach-ti-gall.

3. So sei ge-grüßt viel-tau-send-mal, hol-der, hol-der Früh-ling! O bleib recht lang' in un-serm Tal, hol-der, hol-der Früh-ling! Kehr in al-le Her-zen ein, laß doch al-le mit uns fröh-lich sein, fröh-lich sein!

Der Musikant

The Musician

Josef Karl Benedikt von
Eichendorff (1788–1857)

Hugo Wolf (1860–1903)

Wan-dern lieb' ich für mein Le – ben, le-be e – ben, wie ich kann,

wollt' ich mir auch Mü-he ge – ben, passt es mir doch gar nicht an.

Schö - ne al - te Lie - der weiß ich, in der Käl - te, oh - ne Schuh',

drau - ßen in die Sai - ten reiß' ich, weiß nicht, wo ich a - bends ruh'!

poco rit. _ _ _ _ _ a tempo

Man - che Schö - ne

macht wohl Au - gen, mei - net, ich ge - fiel' ihr sehr, wenn ich nur was woll - te tau - gen,

Auch kleine Dinge

E'en little things

Paul Heyse (1830–1914)

Hugo Wolf (1860–1903)

range:

Langsam und sehr zart (♩ = 54)
(*Slowly and very tenderly*)

Auch klei-ne Din - ge kön-nen uns ent-zü - cken,

auch klei-ne Din - ge kön-nen teu - er sein Be-denkt wie gern wir

uns mit Per-len schmü-cken sie wer-den schwer be-zahlt und sind nur klein

Auf ein altes Bild

To an old picture

Eduard Mörike (1804–1875)

Hugo Wolf (1860–1903)

range:

grü - ner Land - schaft Som - mer - flor, bei küh - lem Was - ser, __

Schilf und Rohr, __ schau, wie das Knäb - lein Sün - de - los frei __

Das verlassene Mägdlein
The abandoned Maiden

range:

Eduard Mörike (1804–1875)

Hugo Wolf (1860–1903)

Früh, wann die Häh - ne krähn,

eh' die Stern-lein schwin-den, muss ich am Her - de stehn, muss Feu - er zün - den.

Schön ist der Flam-men Schein, es spring-en die Fun-ken; ich schau-e

so dar-ein, in Leid ver - sun - ken.